VENTE

Du 19 Mai 1900

HOTEL DROUOT, SALLE Nº 11

à deux heures

TABLEAUX

ET ÉTUDES

PAR

Feu E. MATHON

ET

TABLEAUX ET DESSINS

PAR DIVERS

COMMISSAIRE-PRISEUR

Mᵉ LÉON TUAL

56, rue de la Victoire

EXPERTS

MM. J. CHAINE et SIMONSON

19, rue de Caumartin

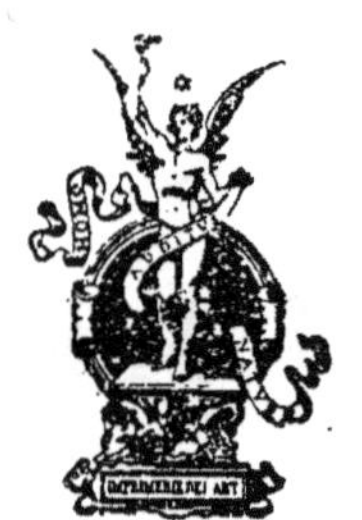
IMPRIMERIE DE L'ART

CATALOGUE

DE

TABLEAUX

ET ÉTUDES

PAR

Feu E. MATHON

ET DE

TABLEAUX ET DESSINS

par Divers

DONT LA VENTE AURA LIEU

HOTEL DROUOT, SALLE N° 11

Le Samedi 19 Mai 1900

à deux heures

COMMISSAIRE-PRISEUR	EXPERTS
Mᵉ LEON TUAL	**MM. J. CHAINE et SIMONSON**
56, rue de la Victoire, 56	19, rue Caumartin 19,

Chez lesquels on distribue le Catalogue

EXPOSITION PUBLIQUE

Le Vendredi 18 Mai 1900, Salle n° 11, de 1 h. 1/2 à 5 h. 1/2

CONDITIONS DE LA VENTE

Elle sera faite au comptant.

Les acquéreurs paieront *cinq pour cent* en sus des adjudications.

Paris. — Imp. de l'Art, E. Moreau et Cie, 41, rue de la Victoire.

DÉSIGNATION

TABLEAUX

PAR

Feu E. MATHON

1 — Sur le quai Henri-IV, Dieppe.

2 — Premières maisons d'un village; hiver.

3 — Une rue de Casbah, Tanger.

4 — Vue prise à Tétuan, Maroc.

5 — Le pont de l'Abdel-Kader; de Tunis, à Marseille.

6 — Vue prise près de Kasbah, Maroc.

7 — Vue prise en Espagne.

8 — La dunette du transatlantique la *Corse.*

9 — La porte du palais du pacha, à Tanger.

5o — Un matelot en faction.

5 1 — Vue prise à Honfleur (Calvados).

5 2 — Honfleur ; soleil couchant.

53 — Port en Hollande.

54 — Derrière la fête à Adamville, parc Saint-
  Maur.

55 — Un bac à Maison-Laffite.

56 — Vue de Cagnes (Alpes-Maritimes).

57 — Bords de l'Oise.

58 — Souvenir d'Espagne.

59 — Etude en Tunisie.

6o — Dans les montagnes en Espagne.

6 1 — Etude en Espagne.

6 2 — Environs de Malaga.

63 — Étude en Tunisie.

64 — Une ruelle à Honfleur.

65 — Petit port sur la Manche.

66 — Soleil couchant sur la Manche.

67 — Une ville manufacturière.

68 — Mer calme.

69 — Colline boisée au bord de la mer.

70 — Barque de pêche sur la Manche.

71 — C. Daubigny travaillant dans son bateau
amarré à la pointe de l'île de Vaux-Auvers.

72 — Barques de pêche.

73 — Une ferme en Normandie.

74 — Mer calme à Dieppe.

75 — Villefranche-Loubet (Alpes-Maritimes).

76 — Une rue en Tunisie.

77 — Sous ce numéro, seront vendues les étu-
des et esquisses non cataloguées.

TABLEAUX

PAR DIVERS

AZE (A.)

78 — Personnages, en costume de l'époque Louis XIII.

BALLUE (P.)

79 — Bords de rivière.

BARILLOT (L.)

80 — Vache normande.

BENASSIT

81 — Halte sur la Falaise.

82 — Vendéens débarquant.

BRANDON (Ed.)

83 — Italiennes.

CHARPIN

84 — Moutons sur les falaises.

COUTURIER

85 — Intérieur de ferme.

86 — Coqs et poules.

DESHAYES (E.)

87 — Bords de rivière.

DORNOIS

88 — Le Théâtre romain, à Orange.

89 — L'Oasis d'El-Kantara.

90 — Champ d'avoine, à Mortrée (Orne).

91 — Landes, à Bannalec.

GABÉ (E.)

92 — L'Attente du bac.

GROISEILLIEZ (M. de)

93 — Petite ferme sur la Falaise.

GUILLEMET

94 — Une mare.

95 — Les falaises de Villers (Calvados).

96 — Entrée de village.

97 — Les hauteurs de Belleville.
Etude pour le Salon 1897.

98 — Bords de rivière.

99 — Barfleur.

HAREUX

100 — Laveuses au bord de l'Oise.

101 — Péniches sur la Seine.

HINTZ

102 — Gros temps en mer.

JEANNIN (G.)

103 — Roses.

JOHANNOT (Tony)

104 — Rêve d'amour.

LONGUET

105 — Jeune femme et Amour.

MARCHAL

106 — Le Moulin de la Galette.

MARLET

PAPETY

PETITJEAN

PEZANT (A.)

PHILIPPON

PICHOT

ROSIER (A.)

SERGENT

118 — Épisode de la Guerre de 1870.

VÉRON

119 — Boulogne-sur-Mer.

YON (E.)

120 — La Marne à Sainte-Aulde.

XX

121 — Italienne tricotant.

122 — Portrait de Femme.

123 — Portrait d'Homme, école de David.

DESSINS

PAR DIVERS

DAUBIGNY (C.)

*Tous ces dessins proviennent de la vente
faite après le décès de l'artiste.*

124 — Église de Portejoie.
Fusain.

125 — Village de Portejoie (Eure).
Fusain.

126 — La Mer, à Villerville.
Fusain.

127 — Paysage.
Fusain.

128 — Paysage.
Sanguine.

129 — Paysage.
Crayon Conté.

130 — Bords de rivière.
Crayon Conté.

131 — Torrent dans la montagne.
Mine de plomb.

132 — Étude, à Notre-Dame.

133 — Étude, à Notre-Dame.

134 — Étude, à Notre-Dame.

Mines de plomb.

135 — Trois croquis.

Mine de plomb.

DAUMIER

136 — Trois croquis.

FORAIN

137 — Avec tes femmes du monde, tu commences à me raser... C'est peut-être moi qui t'ai fait cocu!!

138 — La concierge m'a dit, qu'en partant, Monsieur avait les larmes aux yeux!

C'est bien fait! Quand on fait des guculeries dans mon ménage, j'fouts l'homme à la porte!

Dessin à la plume.

139 — C'est égal, vous étiez rien vaches sous l'ancien régime!

LÉANDRE

140 — Types Montmartrois. Portrait du citoyen Lisbonne, directeur du Casino des Concierges.

Dessin, mine de plomb.

LESSORE (Jules)

141 — Venise.
    Aquarelle.

MORIN (Edmond)

142 — Une Rue, à Honfleur.
    Aquarelle.

WILLETTE

143 — Tout ça, ça n'tient pas ; c'est de la colle
de pâte à rasoirs.

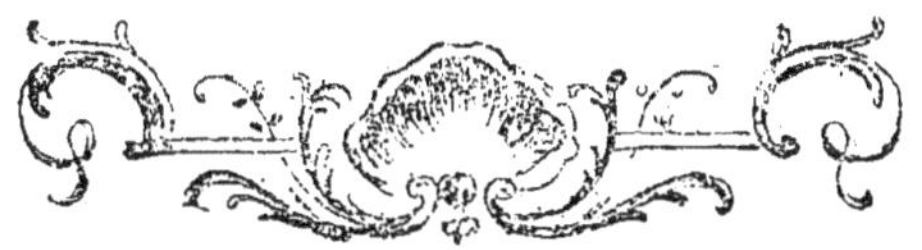